③ 가족북 시리즈

아들과 딸이
평생 함께 읽는 책

엄마북

Do you want know your real mother?

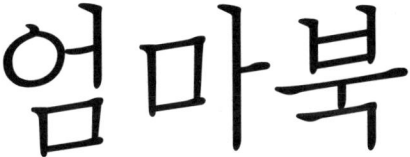

How much do you know about your Mommy?

to
my mother.

for
your
lover.

머릿말

왜 초등학교, 중학교, 대학교를 다니는 동안 아무도 내 아빠, 엄마에 대해서는 알려주지 않는것일까? 정말 나라를 세운 세종대왕, 나라를 구한 이순신 같은 위인들의 이야기만 몇십번이고 읽어내려 가는것이 맞는 것일까?

이 책은 위와 같은 질문 때문에 시작이 되었습니다. 누구도 알려주지 않았던 단 하나의 짧은 질문으로 시작되어 그동안 내 옆에 있었지만 누구도 이야기해주지 않았던 엄마 아빠에 대한 내용들을 그리고 누군가 궁금해 할만한 질문들을 그분들에게 하고 싶었던 말들을 넣어 이 책을 완성해 보았습니다.

이책은 100개 이상의 질문으로 이뤄져 있으면, 하루에 다 끝낼 수도 또는 하루에 하나씩 3달에 걸쳐 끝을 낼수도 있습니다. 다만, 너무 급하지 않게 정말 한장한장 곱씹어 가면서 부모님과 시간을 가지면서 부모님에 대해서

또한 자녀에 대해서 알아가는 시간을 가질 수 있었으면 합니다.

이책을 통해서 대한민국의 더 많은 자녀들이 친구들이나 연예인들의 생일을 챙기기보다는 바로 나의 옆에 있는 가족을 먼저 챙기고 그들의 과거를 알 수 있었으면 합니다.

온가족이 모여 함께 기억을 더듬어가면 이 책에 하나씩 기록 하다보면, 10년, 30년, 50년을 함께 살았더라도 '정말 그때 그렇게 생각했어?' '나는 정말 당신이 그런 생각하는 줄 몰랐다오' 등등 서로의 관심사와 생각에 대해서 새롭게 알아가는 부분이 정말 많을 것이라 확신합니다.

또한 앨범에만 묻혀 언제 꺼낼지 몰랐던 연애편지, 음반등을 꺼내면서 소중한 물건 하나하나, 사진 하나하나에 담긴 의미를 서로 알게 된다면 오해를 가지는 일이 더욱더 줄어둘고 웃음꽃만 많아질 날이 더 생겨날 것입니다.

오늘 오후 가족과 함께 조용한 찻집에 찾아가 이 질문을 채워가면서 서로를 알아가보는것은 어떨까요?

Writing Profile here
　　　　　엄마의 모든것

- 엄마 성함

- 엄마 한자

- 엄마생신   년   월   일

- 혈액형   □ A   □ B   □ O   □ AB

- 몸무게/키   [   ]kg   [   ]cm

- 신발사이즈   [   ]mm

- 엄마별자리

- 본적 or 고향

- 엄마직업

- 엄마종교

- 결혼기념일   년   월   일

- 엄마취미

차례

00 **엄마북 소개** — 004
Who is my mother?

01 **엄마 어린시절** — 011
When she is young

02 **엄마와 아빠** — 037
Mother and Father

03 **엄마와 할머니** — 049
Mother and Grand mother story

04 **엄마의 20대** — 065
When she is 20's

05 엄마와 나 ······ 079
   Mother and me

06 엄마 생각에 대해 ······ 103
   Mother's thinking

07 엄마 주변사람들 ······ 115
   Mother and friends

08 엄마 직장생활 ······ 129
   Mother and work

My familyDiary

01
엄마의 어린시절

Picture

엄마의 추억이 담긴 사진을 붙여주세요.
Put your memory picture here

Picture

엄마의 추억이 담긴 사진을 붙여주세요.
Put your memory picture here

Talking about # My Mommy

* 이렇게 작성해보세요 (예시)

  엄마라는 글자만 봐도 사실 눈물부터 나온다. 왜 그런지는 몰라도 엄마는 나를 위해서 정말 많은 시간과 관심을 가져주셨는데 나는 엄마의 그런 관심이 부담스러운 적도 있었다.

  얼마전 나도 엄마라는 이름을 달게 되었는데 이때부터였는지는 몰라도 우리 엄마는 어떤 음식을 좋아하는지 우리 엄마는 어떤 취미를 가지고 계시는지 진지하게 생각을 하게 되었다.

  그런데 정말 엄마에 대해서 내가 아는게 부끄러울 정도로 없었다는 것을 알게 되었고 지금부터라도 엄마에 대해서 하나씩 알아가고 싶다.. (경기도 성남시, 김수진님, 33세)

엄마에 대해 이야기하다

Talking about # My Mommy

엄마에 대해 이야기하다

Question
001

엄마가 태어난 곳은 어디에요
Where were you born?

---

20   .   .

Question
002

엄마가 가장 존경하는 선생님은 누구신가요?
Who is your most respected teacher?

20 . .

Question
003

엄마가 어렸을 때 가장 친한 친구는 누구인가요?
Who was your best friend when you were a child?

---

20 . .

Question
004

엄마 어렸을 적 꿈은 뭐였어요?
What was your dream when you were a child?

20   .   .

아들과 딸이 함께 읽는 엄마북
Mohter's Book

Question
004

엄마가 했던 가장 못된 장난은 뭐에요?
What was the most misbehavior thing you ever played?

_____
_____
_____
_____
_____
_____
_____
_____
_____
_____

20 . .

Question
005

엄마가 어렸을 때 유행하던 놀이가 뭐였어요?
What was the most popular game when you were a child?

20   .   .

Question
006

엄마가 기억하는 가장 부끄러운 순간이 언제에요?
When was the most embarrassing moment of your memory?

20   .   .

Question
007

엄마는 억울해서 잠을 못 잤던 기억이 있나요?
Do you remember when you couldn't sleep because you was unfairly?

20   .   .

아들과 딸이 함께 읽는 엄마북
Mohter's Book

Question
008

엄마가 가장 감명깊게 읽은 책은 뭐에요?
What was the most impressive book that you read?

20 . .

Question
009

엄마 어렸을 때 별명은 뭐였어요?
What was your nickname when you were a child?

20 . .

Question
010

엄마가 가장 좋아하는 음식이 뭐에요?
What was your favorite food?

20 . .

아들과 딸이 함께 읽는 엄마북
Mohter's Book

Question
011

엄마가 처음 좋아했던 이성 친구는 누구에요?
Who was your first love?

20 . .

Question
012

엄마가 썼던 연애편지 보여주세요.
If there's a love letter you wrote, show it to me.

20 . .

Question
013

엄마 중고등학교 때 사진 보여주세요
Please show me pictures from your junior high school days.

20 . .

아들과 딸이 함께 읽는 엄마북
Mohter's Book

Question
014

엄마는 어렸을 때 할아버지, 할머니 말 잘 들었어요?
Did you obey your parents when you were a child?

---

20   .   .

Question
015

엄마는 어렸을 때로 돌아가면 무엇을 하고 싶으세요?
What would you like to do if you could go back to your childhood?

20   .   .

Question
016

엄마 공부는 얼마나 잘하셨어요?
How well did you study?

---

20   .   .

Question
017

엄마가 가장 존경하는 선생님은 누구신가요?
Who is your most respected teacher?

20   .   .

Question
018

엄마는 어렸을 가장 소중한 물건은 어떤것이었나요?
What is the most important thing when your childhood?

---

20   .   .

Question
019

엄마 운동은 잘하셨어요?
How well did you sports?

---

20   .   .

Question
020

중고등학교 때 돈 때문에 고민했던 적 있으세요?
Have you ever been worried about your money in high school?

20 . .

My familyDiary

02

엄마와 아빠

Picture

엄마와 아빠의 추억이 담긴 사진을 붙여주세요
Put your memory picture here

Picture

엄마와 아빠의 추억이 담긴 사진을 붙여주세요
Put your memory picture here

Talking about My Mommy

엄마와 엄마에 대해 **이야기하다**

Question
021

엄마랑 아빠랑 어떻게 만나게 되셨어요?
How did you meet father?

20   .   .

Question
022

아빠를 처음 본 순간 마음이 어땠어요?
How did you feel the first time you saw father?

---

20   .   .

Question
023

엄마랑 아빠랑 추억이 많은 장소는 어디에요?
Where do you have a lot of memories with father?

20   .   .

Question
024

아빠랑 결혼을 결정한 순간은 언제에요?
When did you decide to marry with father?

---

20 . .

Question
025

아빠의 엄마 아빠에게 인사드리러 간날을 기억하세요?
Do you remember the day meet the father's parents the first time?

---

20   .   .

Question
026

아빠한테 드린 선물 중 가장 기억에 남는거요?
What is the most memorable gift you gave your father?

20 . .

Question
027

아빠에게 받은 선물 중 가장 기억에 남는거는요?
What is the most memorable gift you got from your father?

20 . .

Question
028

엄마랑 아빠랑 첫 뽀뽀한 장소는 어디에요?
Where were you born?

---

20   .   .

Question
029

아빠랑 연애할 때 가장 답답했던 순간은 언제에요?
When was frustrating moment with father?

_____
_____
_____
_____
_____
_____
_____
_____
_____

20   .   .

Mommy's Day

03
엄마와 할머니

picture

엄마와 할머니의 사진을 붙여주세요
Put your memory picture here

Talking about My Mommy

엄마와 할머니에 대해 이야기하다

Question
030

엄마가 부모님 마음을 아프게 했던 적도 있어요?
Did you ever hurt your parents' feelings before?

20 . .

Question
031

엄마가 첫월급 받던날 부모님께 드린 선물은요?
What was the gift you gave to your parents got first paycheck?

20 . .

Question
032

엄마의 부모님이 물려주신 소중한 유산은 뭐에요?
What is your parents' valuable legacy?

20 . .

Question

033

할머니가 처음으로 작다고 생각한 적은 언제에요?
When did you first think your mother look small?

20 . .

Question
034

할머니에게 가장 해드리고 싶었던 것은 뭐에요?
What is the gift for your mother?

20   .   .

Question
035

할머니가 가장 좋아하는 음식은 뭐였어요?
What is the food your mother like?

20   .   .

아들과 딸이 함께 읽는 엄마북
Mohter's Book

Question
036

할머니가 가장 자주하시던 말은 뭐에요?
What was your mother's favorite saying to you?

20 . .

Question
037

할머니와 가고 싶은 여행지가 있으세요?
Is there a place you want to visit with your mother?

20 . .

Question
038

엄마, 부모님하고 살던 곳은 어디인가요?
Where did you live with your parents?

20 . .

Question
039

엄마는 부모님과 다투었던 적도 있나요?
Have you ever argued with your parents?

---

20   .   .

아들과 딸이 함께 읽는 엄마북
Mohter's Book

Question
040

할머니가 가장 보고 싶을때는 언제에요?
When do you most want to see your mother?

---

20 . .

My familyDiary

04

엄마의 20대

Picture

엄마의 20대 사진을 붙여주세요.
Put your memory picture here

Picture

엄마의 20대 사진을 붙여주세요.
Put your memory picture here

Talking about   My Mommy

엄마의 20대에 대해 이야기하다

Question
041

20대때 가장 감명깊게 읽었던 책은 어떤거에요?
What was the most impressive book you read in your 20s?

20 . .

Question
042

20대때 가장 유행했던 노래는 어떤거에요?
What was the most popular song in your 20s?

20 . .

Question
043

20대때 가장 즐거웠던 기억은 어떤거에요?
What was your favorite memory from your 20s?

20   .   .

아들과 딸이 함께 읽는 엄마북
Mohter's Book

Question
044

20대로 돌아가면 가장 하고 싶은건 뭐에요?
What would you most like to do if you get back to your 20s?

_____
_____
_____
_____
_____
_____
_____
_____
_____

20 . .

Question
045

20대로 돌아가면 가장 하고 싶은 직업은 뭐에요?
What kind of job do you want to have most when back to your 20s?

20 . .

Question
046

20대에 했던 가장 도전적인 일은 뭐였어요?
What was the most challenging thing you did in your 20s?

20   .   .

Question
047

20대에 가장 자랑스러웠던 순간은 언제에요?
What was your most proud moment in your 20s?

20 . .

Question
048

20대에 이성에게 고백 받은적도 있으세요?
Did you ever get somone's confession of love in your 20s?

---

20 .   .

Question
049

20대때 첫직장은 어디였어요?
What was your first job in your 20s?

20   .   .

아들과 딸이 함께 읽는 엄마북
Mohter's Book

Question
050

20대에 스트레스를 해소했던 방법은 뭐에요?
How did you relieve your stress in your 20s?

_____
_____
_____
_____
_____
_____
_____
_____
_____
_____

20   .   .

My familyDiary

05

엄마와 나

Picture

엄마와 어릴적 나의 사진을 붙여주세요
Put your memory picture here

Picture

엄마와 어릴적 나의 사진을 붙여주세요
Put your memory picture here

Talking about My Mommy

엄마와 엄마 아빠에 대해 **이야기하다**

Question
051

내가 엄마 품에 처음 안겼을때 기억하시나요
Do you remember when you first got me in your arms?

---

20   .   .

Question
052

엄마, 내가 처음 걷던 그 순간을 표현해주실 수 있어요?
Can you describe me first moments of walking?

20 . .

Question
053

내가 엄마를 닮은 행동은 뭐가 있나요?
What kind of behavior do me take after you?

20   .   .

Question
054

엄마가 지금도 기억하는 행복했던 순간은 언제에요?
When was the happy moment you and me still remember?

20 . .

Question
055

내가 어렸을때 엄마는 기억하기 싫은 무서운 순간이 있어요?
Do you still have scary moments you don't want to remember

20 . .

Question
056

우는 나를 달랬던 엄마만의 노하우는 뭐에요?
What was your secret know-how for soothing me before?

20   .   .

Question
057

아빠는 모르는 엄마와 나만의 비밀도 있어요?
Did you have any secret between you and me?

20   .   .

아들과 딸이 함께 읽는 엄마북
Mohter's Book

Question
058

내가 엄마를 눈물짓게 했던 날을 기억하시나요?
Do you remember the day when me made you weep?

---

20 . .

Question
059

엄마가 내게 항상 해주시던 말씀은 무엇인가요?
What did you say to me so often?

20   .   .

Question
060

내게 가장 잘 물려준 것 같은 신체부위는 어디에요?
What part of me's body looks most like you?

---

20 . .

Question
061

엄마는 내가 결혼하면 꼭 해주고 싶은 조언이 있어요?
What advice did you want to give to dad when he got married?

20   .   .

Question
062

내게 받은 선물 중 기억에 남는게 있으신가요?
What is the most memorable gift you have received from me?

20   .   .

Question
063

엄마는 내게 가장 미안했던 순간이 언제에요?
When did you feel most sorry for me?

20   .   .

아들과 딸이 함께 읽는 엄마북
Mohter's Book

Question
064

엄마는 어떻게 내게 가장 크게 사랑을 표현하세요?
How do you express your love to me the most?

---

20   .   .

Question 065

엄마는 제게 받고 싶은 선물이 있으세요?
Is there any gift you want from me?

20 . .

Question
066

엄마는 내가 고쳤으면 하는 버릇이 있나요?
Does me have a bad habit that you would like her to fix?

20   .   .

아들과 딸이 함께 읽는 엄마북
Mohter's Book

Question
067

엄마는 내가 가장 대견했던 적은 언제에요?
Did you ever feel proud of me?

20   .   .

Question
068

엄마는 저와 대화를 많이 하시는 편이라 생각 하시나요?
How often do you talk to me?

20   .   .

아들과 딸이 함께 읽는 엄마북
Mohter's Book

Question
069

엄마는 내가 엄마를 사랑하는게 느껴지시나요?
Can you feel me loving you?

20   .   .

아들과 딸이 함께 읽는 엄마북
Mohter's Book

Question
070

엄마는 내가 평생 기억했으면 하는 한마디는 뭐에요?
Is there a word you want my dad to remember for the rest of my life?

20 . .

My familyDiary

06

엄마의 생각에 대해

Picture

엄마를 표현할 수 있는 사진을 붙여주세요
Mommy's Profile Mommy's Profile

Picture

엄마를 표현할 수 있는 사진을 붙여주세요
Put your memory picture here

Talking about My Mommy

엄마의 생각에 대해 **이야기하다**

Question 071

절대로 되풀이하고 싶지 않은 일이 있어요?
Is there something you never want to do again?

20 . .

Question
072

그 일은 왜 일어났나요? 거기에서 어떤 깨달음을 얻으셨나요?
Why did it happen? What did you learn from that?

20   .   .

Question
073

'이것만은 꼭 지키고 살아왔다'라고 말할 수 있는 원칙이 있으세요?
What is your most important principle?

20   .   .

Question
074

원칙을 만들게 된 사건이나 상황이 있었나요?
Did you have any incentive to stick to that principle?

20   .   .

Question
075

인생을 변하게 만든 세 번의 사건이 있나요?
Are there three events that have changed your life?

20   .   .

Question
076

지금의 엄마를 있게 만든 세 권의 책은 무엇인가요?
Are there three books that have brought you here?

---

20 . .

Question
077

인생을 크게 변화시켜준 세명의 사람은 누구인가요?
choose the three people who had the biggest influence on you?

20   .   .

Question
078

사망 기사를 써야 한다면, 어떤 내용이 적히길 바라세요?
If you were to die today, how would your life be remembered?

---

20 . .

My familyDiary

07

엄마의
주변사람들

Picture

엄마의 친구, 동료와 찍은 사진을 붙여주세요
Mommy's Profile Mommy's Profile

Picture

엄마의 친구, 동료와 찍은 사진을 붙여주세요
Put your memory picture here

Talking about **My Mommy**

엄마의 주변에 대해 **이야기하다**

Question
079

인생에서 큰 성취감과 개인적 만족을 준 사람은 누구인가요?
Who is the biggest satisfaction in your life?

---

20   .   .

Question
080

엄마 성취를 방해하는데 가장 큰 장애물은 어떤 것이었나요?
What was the biggest impediment to your achievement?

_____
_____
_____
_____
_____
_____
_____
_____
_____
_____
_____

20   .   .

Question
081

엄마의 인생을 뒤돌아 볼 때 가장 행복했던 적은 언제인가요?
When was the happiest moment in your life?

20   .   .

아들과 딸이 함께 읽는 엄마북
Mohter's Book

Question
082

엄마는 주변 사람들에게 무엇을 기대하세요?
What do you expect from people around you?

20 . .

Question
083

주변 사람들은 엄마에게 무엇을 기대하고 있나요?
What do people expect from you?

20 . .

Question
084

엄마가 기대하는 바를 주변 사람들과 서로 이야기해본적 있나요?
Have you ever told people around you what you want?

20 . .

Question
085

엄마가 가장 유지하고 싶은 인간관계는 어떤 것인가요?
What is the most important relationship you would like to maintain?

20 . .

Question
086

주변분들이 엄마가 추구하는 가치와 관심사를 알고 있나요?
Do people around you know the values and interests you pursue?

---

20 . .

Question
087

엄마와 가장 가까운 사람들의 우선순위와 목표는 무엇입니까?
What are your nearest people priorities and goals?

20 . .

Question
088

엄마는 그분들이 우선순위와 목표를 이루게 도와주고 있나요?
Are you helping your nearest people to achieve their priorities and goals?

---

20   .   .

My familyDiary

08

엄마의 직장생활

Picture

엄마의 직장과 관련된 사진을 붙여주세요
Mommy's Profile Mommy's Profile

Picture

엄마의 직장과 관련된 사진을 붙여주세요
Put your memory picture here

Talking about My Mommy

엄마의 직장에 대해 이야기하다

Question
089

엄마는 직장성공에 대해 무엇을 깨달았나요?
Did you realize what success is at work?

---

20 .   .

Question
090

엄마는 직장에서 행복에 대해 무엇을 배우셨나요?
Did you realize what happiness is at work?

20   .   .

Question
091

엄마는 직장에서 가장 즐거운 부분은 무엇이었나요?
What was the most enjoyable part of your job?

20   .   .

Question
092

엄마는 직장에서 가장 즐거운 부분은 무엇이었나요?
What was the most enjoyable part of your job?

20 . .

Question
093

엄마는 직장에서 가장 참기 힘든 부분은 무엇이었나요?
What was the most intolerable thing at work?

20   .   .

Question
094

직장생활 중 엄마는 어떤 측면에서 가장 소홀히 하셨나요?
What was the most negligent in your career?

20 . .

Question
095

나와 비슷한 신입사원에게 어떤 조언을 해주고 싶으신가요?
What advice would you like to give to a new employee?

20   .   .

Question
096

오늘이 다른 날보다 훨씬 특별한 이유는 무엇인가요?
Why is today so much more special than other days?

20 . .

Question
097

오늘 엄마의 하루가 어땠는지 자세하게 이야기 해주세요.
Tell me about your day in detail.

20   .   .

아들과 딸이 함께 읽는 엄마북
Mohter's Book

Question
098

오늘 엄마를 미소짓게 만든 일이 있었나요? 왜 그렇죠?
Did something make you smile today? Why is that so?

_____
_____
_____
_____
_____
_____
_____
_____
_____
_____

20   .   .

Question
099

시도해보지 못했지만 꼭 해보고 싶은 일이 무엇인가요?
What do you want to try though you haven't tried yet?

_____

_____

_____

_____

_____

_____

_____

_____

_____

20   .   .

Question
100

돈, 가족, 시간등 아무런 제약이 없다면 무엇을 하고 싶어요?
What would you do if you had no restrictions on money, time, or career?

---

20   .   .

Question
101

살면서 무엇이 가장 엄마에게 큰 만족감을 주었나요?
What made you feel most satisfied in your life?

20   .   .

Question
102

엄마가 다시 태어난다면 어떤 사람으로 태어나고 싶으세요?
If you were to be born again, what kind of person would you like to be?

20 . .

Question
103

누군가 물어본 질문 중 가장 답하기 어려운 질문은 무엇인가요?
What is the most difficult question to answer that someone asked you?

20 . .

Question
104

엄마를 창피하게 만든 질문을 받아본 적이 있나요?
Have you ever been asked a question that embarrassed you?

20   .   .

Question
105

엄마는 일기장을 가지고 계신가요?
Do you have a diary?

20   .   .

Question
106

엄마가 정말 후회되는 일 한가지만 말씀해주세요
Tell me one thing you regret most.

20 . .

Question
107

엄마가 생각하는 행복은 뭐에요?
Do you think what is happiness?

20   .   .

아들과 딸이 함께 읽는 엄마북
Mohter's Book

아들과 딸이 함께 읽는 **엄마북**

초판 1쇄 인쇄 | 2018년 4월 10일
초판 3쇄 발행 | 2019년 3월 10일

지은이 | 휴먼미디어
편집 디자인 | 장영광
발행처 | 휴먼미디어
출판등록 | 제2014년 7월 24일, 제2014-02호
전화 | 010) 9633-1751
팩스 | 02) 6918-4190
메일 | stevenjangs@gmail.com

본 저작물의 저작권은 '휴먼미디어'가 소유하고 있습니다. 저작권법에 의하여
한국 내에서 보호를 받는 저작물이므로 무단 전제와 무단 복제를 금합니다.

ISBN 979-11-87654-52-0

책값 11,000원 (만 천원)